AF253827

O³ᵢ
275

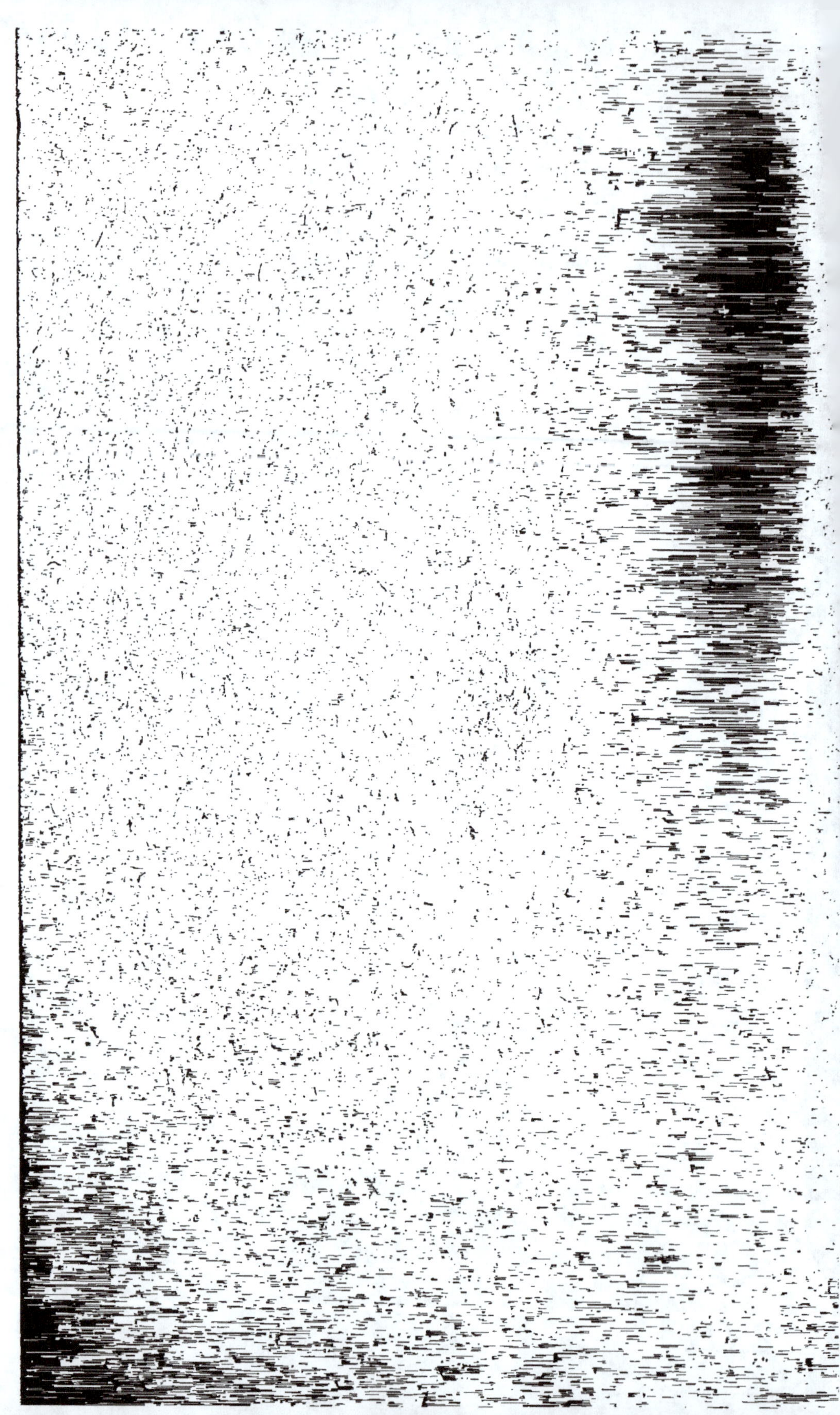

CONFÉRENCE

SUR

LE SAHARA TUNISIEN

FAITE A LA SOCIÉTÉ DE GÉOGRAPHIE DE NANTES

LE 21 NOVEMBRE 1889

PAR

JULES DESFONTAINES

Etudiant des doctes Facultés de Médecine et de Droit de Paris.

NANTES,

Mme Ve CAMILLE MELLINET, IMPRIMEUR,
Place du Pilori, 5.

L. MELLINET ET Cie, succ^rs.

1889

A GUY DE MAUPASSANT

UNE DES CAUSES PRINCIPALES

de mon existence nomade à travers le monde.

A M. LINYER

Président de la Société de Géographie de Nantes.

CONFÉRENCE

A

A SOCIÉTÉ DE GÉOGRAPHIE

DE NANTES

PAR M. J. DESFONTAINES

LE SAHARA TUNISIEN

Messieurs,

C'est la première fois que j'ai l'honneur de me présenter devant un auditoire ; j'ose donc solliciter toute votre indulgence. J'espère que, pour me l'accorder, vous prendrez en considération et mon début et les difficultés sans nombre que j'ai rencontrées sur mon chemin, étant donné le peu d'argent mis à ma disposition, car c'est *avec une rente mensuelle de cent francs seulement* que j'ai entrepris un premier voyage de dix-sept mois en Orient, et, après un repos de deux mois en France, un second de vingt-trois mois autour du monde austral.

En cet espace de temps j'ai parcouru, tant sur terre que sur mer, une distance de 18,500 lieues environ.

Ceci étant dit, comme j'ai l'intention de vous emmener
moi à travers le Sahara tunisien, nous allons nous repo
au 9 mai 1886 et jeter l'ancre immédiatement au sud d
côte orientale tunisienne, devant Gabès.

.·.

De la mer se présente en un ravissant décor la délicie
oasis de Gabès, couchée au bord des flots bleus, balanç
gracieusement au souffle de la brise les panaches de
innombrables dattiers. Ce sont bien là ces jardins encha
teurs que, par l'imagination, nous avions entrevus aux pa
des printemps continus.

Nous voici enfin aux portes du désert.

Par delà la folle végétation qui s'étend à nos regar
commence la grande région mystérieuse du Sahara, sor
d'immense océan où, souvent pendant de longs jours d
marche, le voyageur n'aperçoit que le ciel et des vagues d
sable. Encore quelques instants, et bientôt l'existence nomad
à travers les plaines sahariennes nous initiera aux curieuse
sensations des solitudes infinies et des éternels silences.

.·.

Aussitôt débarqués, déposons nos bagages et parcourons
le bourg français de Coquinville. Beaucoup de constructions
en bois, quelques maisons en pierre seulement ; en somme,
rien de particulier. Ce bourg et les deux villages arabes de
Menzel et de Djara, situés plus à l'intérieur, forment le
groupe de Gabès et donnent un ensemble de 10,000 habitants.

Entrons, Messieurs, dans les jardins de l'oasis, nous
allons y cueillir des impressions toute nouvelles et char-
mantes. Rien de plus séduisant que tous ces beaux palmiers
épanouissant leurs bouquets de verdure sur la limpidité du

el azuré et laissant prospérer à leur ombrage, dans les champs auxquels ils servent de clôture, l'orge, le maïs et les légumes de toute espèce. Les arbres fruitiers eux-mêmes croissent en abondance : abricotiers, pruniers, amandiers, grenadiers aux fleurs rouges se mêlent dans un désordre confus, reliés souvent ensemble par des guirlandes de vigne en festons; roses et géraniums embaument de leur suave parfum.

Un certain nombre de petites filles nous suivent curieusement et viennent coquettement rôder autour de nous. Elles se montrent et se cachent tour à tour ; les plus jeunes sont les plus hardies, leurs aînées se tiennent à une distance respectueuse. Drapées tout mignonnement dans leurs loques bleues, elles sont jolies à croquer.

L'oasis de Gabès est arrosée par l'oued Gabès ; elle contient environ cent vingt-mille dattiers, qui ont une hauteur moyenne de quinze mètres et mûrissent imparfaitement leurs fruits. Ces arbres, dit un proverbe arabe, pour acquérir leur plus beau développement, doivent avoir les pieds dans l'eau et la tête dans le feu du ciel. Ici l'eau ne leur manque pas, mais la brise de mer fraîchit trop l'atmosphère et lui enlève sa température torride. Aussi les dattes y sont de mauvaise qualité et ne servent qu'à la nourriture des indigènes et de leurs chameaux.

Les arbres fruitiers et les plantes alimentaires constituent donc la seule richesse de cette oasis.

. . .

Maintenant, Messieurs, mettons-nous en quête d'une caravane pour aller au désert. Ici des difficultés innombrables et beaucoup trop longues à raconter. Qu'il vous suffise de savoir que, le lendemain même de mon débarquement à Gabès, j'arrive à me faire accepter dans une mission à titre de compagnon de route du chef de l'expédition.

Un voyage en ces contrées, si peu étendu qu'il paraisse, est toute une affaire. Notre itinéraire comprendra un cercle de 150 lieues environ, mais 150 lieues en ces pays sont plus difficiles à parcourir que 1,500 lieues à travers l'Europe, où les distances se franchissent en chemin de fer comme par enchantement et où des hôtels, avec tout le confortable nécessaire, attendent le voyageur au bout de son excursion. Là-bas, rien de tout cela. Il s'agit d'avancer par petites étapes, de traîner derrière soi sa maison, c'est-à-dire sa tente, et tout un attirail de batterie de cuisine, de victuailles et d'objets de toute sorte, dont vous ne pouvez vous figurer le nombre et l'utilité.

Nous n'avons pas de temps à perdre ; demain nous partirons pour le Djerid par Gafsa, situé à 140 kilomètres au nord-ouest de Gabès.

Au jour fixé, dès le matin, la caravane est prête à se mettre en marche.

Elle comprend le chef de la mission, deux spahis et trois gardes forestiers à cheval, sept chameliers et leurs chameaux et moi, votre très humble serviteur, à bourricot.

Puisque nous devons voyager ensemble, Messieurs, permettez-moi de vous présenter les personnages les plus saillants de notre caravane :

M. Blanc, capitaine-inspecteur de forêts, naturaliste distingué, chargé d'aller au Djerid arrêter l'envahissement des sables dans les oasis ;

El-Hadj, premier spahis et homme de confiance de M. Blanc, arabe pur d'Algérie, de la noble famille des Mokhrani, comme qui dirait un chevalier d'honneur et de vertu ;

Djadi, second spahis, soldat dévoué sur lequel nous pouvons compter, qui n'a qu'un défaut, celui d'être trop vif ; il a déjà son actif d'avoir blessé plusieurs hommes et éventré une femme ; à part cela, charmant garçon.

Et laissez-moi vous faire admirer mon bourricot. L'animal est grand, vraiment superbe avec sa belle robe noire, son tablier blanc sous le ventre, ses oreilles dressées et pointées vers le ciel, son œil vif, sa tête intelligente.

Allons, l'heure de partir est sonnée, en route ! Et ne restons pas derrière les chameaux, car ces grandes bêtes masquent le paysage, leur pas est lent et elles ont une odeur détestable ; à chaque instant de ces êtres s'exhalent des bouffées pénétrantes de nature et d'origine diverses. Il vaut mieux se sentir effleuré par la brise printanière, toute chargée de parfums, qui, ce matin, passe sur l'oasis. Il fait un temps superbe, une délicieuse fraîcheur dans ces petits sentiers bordés de haies où les chênes sont remplacés par des palmiers. Supprimons ces dattiers, donnons au ciel un bleu moins profond et nous nous croirons facilement en France ; partout des carrés de luzerne, d'orge et de maïs.

Nous voici en dehors de l'oasis.

Le premier village que nous rencontrons a nom Metouia. Les femmes y ont une réputation de beauté. N'ayant fait que passer et ne pouvant formuler sur elles un jugement, d'après les deux ou trois types entrevus, fort beaux du reste, je laisse à d'autres le soin de contester ce dire ou de l'affirmer.

Vient ensuite Ouderef et pour aujourd'hui notre étape est terminée.

Nous nous empressons d'installer notre campement dans une verte prairie, au milieu des dattiers, et notre chambre à coucher, en ce luxe de la nature, vaut tous les appartements les plus princiers.

Toute une journée à remplir avec de la flânerie.

Déjeunons d'abord et nous irons au village. Toujours mêmes maisons basses arabes, presque en forme de dés, percés de larges ouvertures. Si nous regardons à l'intérieur, elles semblent vides, tellement le mobilier est succinct et primitif. Quelques nattes, des ustensiles de cuisine et c'est tout. Ici se fabriquent les fameux tapis d'Ouderef qui ont une grande réputation ; donnons, en passant, un coup-d'œil aux femmes qui y travaillent, assises devant leurs larges métiers, et revenons maintenant à nos jardins.

Le soir, au moment du dîner, nous avons occasion d'admirer un merveilleux coucher de soleil derrière les palmiers, tel que l'on en voit souvent au désert.

Une soupe à l'oignon, préparée par un artiste en cette matière, fait suite à ce superbe prélude, d'une manière moins poétique, mais tout aussi agréable. Une franche gaîté et un parfait appétit ajoutent encore à notre satisfaction. Les boîtes de conserves s'installent sur la table et nous dégustons beaucoup de bonnes choses.

A présent la nuit étend ses voiles : savourons la beauté du tableau nocturne de cette oasis. Au milieu de l'assoupissement général des êtres, les dattiers semblent incliner leurs palmes d'une façon plus languissante ; leurs silhouettes gracieuses se profilent autour de nous sur la coupole scintillante du ciel. Voici l'heure de nous abandonner aux charmes de la vie contemplative orientale, en ces belles nuits africaines, pleines de silence et de tiédeur. Loin de nous, désormais, toutes les préoccupations, tous les soucis de notre monde civilisé, ouvrons nos pores aux joies pures, sans lendemain, que nous réservent ces cieux, pour ainsi dire nouveaux, d'où paraissent tomber, avec la clarté des étoiles, la paix et le bonheur. Sous

s caresses des brises chaudes et parfumées, sous les tendres
egards des astres de la nuit, laissons notre âme s'unifier
vec la nature dans la jouissance des mêmes voluptés et
pérer avec elle ce mystérieux hymen.

Il se fait tard, M. Blanc m'invite à entrer sous sa grande
t belle tente de luxe, qui a quelque chose de la blancheur
irginale d'une chambre de jeune fille. Cette demeure légère,
oquette et riante, continue d'entretenir mes heureuses impressions.

· * ·

Après une première nuit passée dans le plus doux des
sommeils, nous nous levons frais et dispos, tout prêts pour
une nouvelle étape.

Nous nous dirigeons sur Fedjez.

La traversée d'une plaine stérile, que limitent des montagnes, nous offre un paysage triste et sans caractère. Nous
franchissons un col et débouchons dans une vaste cuvette
encerclée de collines aux formes bizarres en crémaillères.
Telles elles ont été soulevées au jour de cataclysme qui leur
a donné naissance, telles on les retrouve maintenant. Les
pluies très rares en ces pays n'opèrent pas les transformations
que nous constatons en nos contrées ; les montagnes au
milieu de cette sécheresse de l'atmosphère ne sauraient
changer, elles gardent éternellement leurs arêtes vives et
leurs coupes étranges.

Quelques bouquets de tamarix jettent un peu de verdure
en cette plaine et remplacent les maigres touffes de végétation rabougrie qui, çà et là, formaient toutes les plantes des
espaces parcourus.

Au milieu de cette cuvette, nous passons la nuit.

· * ·

Le lendemain matin, dès la pointe du jour, nous faisons

en toute hâte nos préparatifs de départ, l'étape aujourd'hui sera longue.

On ne connaît pas au désert ces demi-sommeils qu'entretient la pénombre de nos longs levers d'aurore en nos pays. Là-bas, Messieurs, à peine l'homme ouvre-t-il les yeux aux premiers rayons du soleil, qu'il éclate avec la nature et semble entonner avec elle l'hymne triomphale du réveil. L'astre, dès son apparition, en jaillissant sur la terre et sur le ciel ses éblouissements lumineux, embrase de ses rayonnements les êtres et les choses.

Notre camp passe donc subitement de l'état de sommeil à un état fort bruyant et très mouvementé. Au milieu du désordre d'un déménagement véritable, on n'entend que cris de bêtes et cris de gens. Les premières heures du jour sont précieuses : pour profiter de la fraîcheur matinale et arriver à l'étape avant la forte chaleur du milieu du jour, il faut se hâter. Voyez tout le monde à l'œuvre : les uns repliant précipitamment les tentes, les autres remplissant et fermant les caisses, ceux-ci chargeant les chameaux, ceux-là harnachant les chevaux. Tous les objets, pêle-mêle étalés, ne se trouvent pas du premier coup, alors ce sont des courses, des impatiences, des jurons s'accompagnant du hennissement des chevaux, du brâmement des chameaux toujours vexés de se courber sous la charge et qui, dans leur sombre langage, maugréent contre la destinée.

Enfin, tous les préparatifs achevés, la caravane s'ébranle, le silence renaît et la longue file, en un rhytme cadencé, reprend de nouveau sa marche.

A peine sortis de la cuvette de Fedjez, nous débouchons dans des plaines monotones et ennuyeuses.

Vous vous figuriez peut-être, Messieurs, vous trouver en présence d'énormes vagues ininterrompues de sable, sans aucune trace de verdure ; détrompez-vous. Pour voir l'immense désert sablonneux en toute sa majesté, il faudrait descendre au delà de la partie méridionale du Nefzaoua. Au Grand-Sud seulement commence la région des Aregs.

Nous allons simplement traverser de vastes plaines stériles, recouvertes de ces petites touffes de verdure que nous avons déjà rencontrées, et qui, çà et là, constituent la seule végétation de ces espaces déshérités.

Mais consolez-vous, ces chemins dénudés ressemblent quelque peu à ceux du ciel ; s'ils sont pénibles, ils conduisent en de véritables paradis. C'est aux plus belles oasis de l'Afrique septentrionale que je vous emmène, à la terre privilégiée du Djerid, au pays des dattiers par excellence, à ces serres naturelles où pousseraient facilement toutes les plantes tropicales, à ces jardins sans pareil, d'une superficie totale de deux mille hectares, qui contiennent plus d'un million de palmiers, et où, chaque année, viennent vingt mille chameaux pour y prendre des chargements de fruits.

Afin d'oublier un peu les ennuis de la route, essayons, Messieurs, un nouveau mode de locomotion et montons à chameau. Dans l'Océan du désert on peut le comparer à un navire que porteraient des flots de sable. En ces plaines les flots nous manquent, mais l'animal n'en tangue pas moins. Si vous êtes sujets au mal de mer, n'insistez pas, avant peu de temps vous en sentiriez les atteintes, sinon, restez-y : vous vous habituerez très facilement au mouvement du corps qui tour à tour se courbe et se redresse, et vous vous habituerez à un tel point que, si la grande bête s'arrête pour happer au passage une de ses plantes favorites, ce qui lui arrive de temps en temps, vous serez ramenés brusquement à la réalité et sortirez de la rêverie engendrée par le tangage.

L'odeur infecte du chameau gêne beaucoup tout d'abord, mais bientôt le nez n'en est plus incommodé.

Nous arrivons au but, au puits de Mehamla ; il est temps, voilà quatre heures que nous sommes ainsi perchés sous un soleil brûlant et la soif nous torture. Les cavaliers nous ont tous devancés, la distance de quatre kilomètres que nous avons parcourue à l'heure leur a semblé insuffisante. Ils entourent le puits et nous attendent avec une extrême impatience. N'ayant aucun réceptacle pour puiser le liquide, ils subissent la peine de Tantale. Si, Messieurs, vous n'avez pas senti cette soif ardente qui dévore en la chaude et sèche atmosphère du Sahara, il vous est impossible de vous imaginer le bonheur que l'on éprouve en présence de l'eau. Malheureusement, dans tout le sud elle est mauvaise au goût, et de plus, contenant des sels de magnésie en assez grande proportion, elle possède des propriétés purgatives : autant que possible il faut la couper. Nous avons emporté d'excellent cognac ; quelques gouttes seulement nous suffisent pour préparer une boisson saine et rafraîchissante. A cette occasion, permettez-moi, Messieurs, de vous donner un conseil : quand vous irez au désert, emportez des caisses d'eau de Vichy, de Vals ou de Saint-Galmier, vous vous éviterez de pénibles souffrances.

Après le déjeuner et la sieste, les doux plaisirs de la conversation, et puis un joyeux dîner.

Et chacun va demander au sommeil des forces nouvelles pour le lendemain.

. . .

Ce matin M. Blanc abandonne le gros de la caravane afin d'aller explorer dans la plaine du Talah une forêt de gommiers, d'une espèce spéciale à cet endroit : l'Acacia tortissima. Naturellement il m'invite à le suivre dans son excursion ; nous emmenons Djadi et le chamelier Ali. El-Hadj, l'homme de confiance, reste avec le gros de la caravane.

Après deux longues journées de plaines dénudées, une promenade en forêt doit agréablement miroiter à votre pensée, hélas ! Messieurs, votre désillusion n'en sera que plus triste. Vous pensiez errer délicieusement sous une continuité de grands arbres aux ombrages touffus, à l'abri des ardeurs du soleil : eh bien, non, il n'en sera pas ainsi.

On a l'audace d'appeler forêt une succession d'ondulations stériles où poussent çà et là quelques gommiers, distancés les uns des autres de 100, 200 et même 300 mètres. Ces arbres au feuillage menu, hauts d'une dizaine de pieds, quelquefois en bouquets, donnent à l'ébénisterie des bois d'une véritable valeur et méritent d'être pris en considération. Ils doivent leur existence au cercle de montagnes qui protègent cette plaine contre les vents et lui créent une situation climatérique particulière. Pour favoriser leur développement, il suffirait d'interdire le pâturage en cette vallée, car les troupeaux y détruisent les jeunes pousses : les chèvres broutent les feuilles et les chameaux dévorent des branches entières, malgré les épines dures et acérées dont elles se défendent. La langue et le palais de ces derniers sont revêtus d'une substance telle qu'ils peuvent impunément s'offrir ces branches épineuses.

Cette forêt était autrefois très étendue : en longueur elle dépassait trente kilomètres et sa largeur en atteignait huit ; maintenant elle présente environ huit kilomètres de longueur sur deux de largeur. On devrait bien songer à la reconstituer, elle fournirait un rapport considérable.

Nous installons notre campement à l'ombre de gommiers, sur les bords d'un oued presque complètement desséché. Des trous plus ou moins profonds, de distance en distance, ont conservé un peu de liquide ; ils forment les R'dir. L'eau qu'ils contiennent sert malheureusement à tous les usages, les bêtes y viennent boire, les femmes y laver leur linge et

s'y nettoyer elles-mêmes : vous pouvez vous figurer sa qualité ; ces mares deviennent absolument répugnantes. Pourtant, n'ayant pas d'autre boisson, nous sommes forcés de
nous en contenter ; la soif ne nous permet même pas de la
faire bouillir et, toute blanche qu'elle est, nous nous prépa-
rons à l'avaler. « Ça engraisse, » dit M. Blanc. Sur cette
perspective encourageante, je remplis un verre et suis prêt à
le vider d'un trait. Mais soudain, avec épouvante, je m'arrête
en mon mouvement d'ingurgitation et repousse le verre de
mes lèvres en y apercevant au fond un énorme insecte noir
que je suis sur le point d'engloutir et que je ne voyais pas,
étant donnée l'opacité du liquide.

Des Arabes pasteurs arrivent avec leurs immenses troupeaux
de plusieurs milliers de moutons et, Dieu soit loué ! nous
offrent du lait de brebis. Curieusement ils s'approchent de
nous et nous regardent cuisiner.

Ces nomades du sud tunisien ne le sont qu'à moitié, ils
cultivent quand le temps le leur permet. Ils appartiennent
à la race des Berbères et possèdent un tempérament moins
farouche, moins haineux surtout que les Arabes d'Algérie,
avant tout nomades, guerriers et pillards.

Au moment de nous endormir nous glissons à nos côtés
fusils et revolvers, car les gens des tribus voisines sont essentiellement voleurs.

.·.

Après deux jours de voyage à travers la vallée d'El-
Aïaïcha et l'oasis d'El-Guettar, montons au Djebel Orbata, la
plus haute montagne du sud tunisien, d'une altitude de
1,051 mètres. L'ascension y est rendue facile par un chemin
de mulet qu'on a pratiqué dernièrement pour arriver au
poste de télégraphie optique qui couronne le sommet. De ce
point, la vue s'étend grandiose sur le vaste désert que

chète de sa sombre verdure l'oasis de Gafsa. Des télégra-
histes aimables m'offrent l'hospitalité avec un bonheur bien
ompréhensible, les étrangers sont tellement rares en ces
hauts parages que c'est plaisir de les recevoir. Après une
chasse infructueuse aux mouflons qui fréquentent en assez
grand nombre les flancs de la montagne, nous regagnons le
poste vers le soir et j'y passe la nuit.

Nous voici maintenant à Gafsa, chef-lieu de subdivision
militaire.

L'oasis est belle. Ses jardins et ses vergers sont d'une
grande fertilité, elle possède cent mille dattiers qui y mûrissent encore imparfaitement leurs régimes, mais les arbres
fruitiers, tels que grenadiers, abricotiers, figuiers, pommiers,
poiriers, cognassiers y prospèrent d'une façon remarquable.
Les oliviers y sont également nombreux et forment un bois
touffu à l'extrémité de l'oasis.

Des monticules qui s'élèvent autour de Gafsa magnifique
panorama: ce sont d'abord les palmiers dessinant leurs multiples bouquets sur une chaîne rose de montagnes lointaines;
puis la citadelle ou kasba, aux murs dentelés, d'un ton jaune
très chaud, s'élançant du milieu des dattiers et produisant
l'effet le plus décoratif qu'il soit possible d'imaginer; et enfin
le Djebel Orbata dressant sa masse superbe au sein de la
plaine immense.

Comme curiosités, la ville présente une belle kasba, l'hô-
pital militaire, le cercle des officiers gentiment construit à
l'ombre des dattiers et, près du Dar-el-Bey, le bassin d'une
grande source thermale où l'on prend chaque jour plaisir à
se plonger.

Vous serez probablement heureux, Messieurs, de vous

reposer un peu de votre voyage et de clôturer votre séjour à Gafsa en assistant à une représentation d'Aissaouas.

Les Aissaouas, comme vous le savez, forment une secte religieuse musulmane et se livrent à des jongleries de toute espèce.

Entrez donc, Messieurs, n'ayez crainte. Le maître de la maison sera enchanté de vous recevoir, il vous offrira des sièges et vous servira le café de rigueur. Regardez et voyez.

La scène se passe en plein air, dans une cour. C'est au milieu de la nuit noire, sous le pâle scintillement des étoiles. Les Arabes assis à l'oriental, vêtus de leurs blancs burnous, se détachent sur l'obscurité, semblables à une réunion de fantômes ; de leurs voix sourdes ils récitent des prières. Bientôt un certain nombre se lèvent et viennent se placer sur une ligne, les uns contre les autres. En cadence, tous ensemble, ils se courbent alternativement en avant et en arrière, doucement tout d'abord, avec de bruyantes aspirations rhytmées. Leurs mouvements peu à peu s'amplifient, se précipitent, en même temps que leurs cris deviennent plus profonds et plus rauques. Et sous l'influence d'un entraînement croissant, ils en arrivent à une telle surexcitation qu'ils perdent toute sensibilité.

Une torche, tout-à-coup, illumine de son flamboiement les ténèbres, et tous les Aissaouas, dans une sorte d'accès névrotique, apparaissent hideux, la face convulsée, les yeux injectés de sang, une bave écumeuse aux commissures des lèvres, les membres contractés et le corps en des poses absolument extravagantes. Leurs cris maintenant sont effrayants : on dirait des aboiements tout à la fois hurlés et beuglés.

L'un d'eux, à cette vive lumière, se sépare du groupe et, un sabre nu à la main, se démène comme un possédé ; de son arme il se frappe à coups redoublés sur le ventre et les cuisses.

Un autre le remplace dans un état peut-être encore plus épouvantable ; il se traverse les narines et les joues avec de longues pointes de fer, puis, saisissant un tison embrasé, il l'enfonce en sa bouche.

Un troisième se présente. Quittant brutalement sa gandoura (1), il se montre la poitrine nue. Et sur ses chairs lentement il promène le feu. Rien de plus saisissant que ce beau corps fortement bronzé, éclairé des lueurs fauves de la torche et léché par sa flamme ardente.

D'autres viennent à leur tour: celui-ci mangeant avec avidité d'énormes feuilles de cactus épineux, celui-là se jetant sur son épée, dansant sur des tranchants de sabres, un autre dévorant des scorpions et du verre pilé.

Et pendant ce temps le concert des lugubres aboiements continue de frapper les oreilles, et les mouvements de tous ces névrotiques s'accentuent davantage.

Impossible d'assister à une scène plus diabolique, on se croirait en un coin de l'enfer.

M. Blanc me racontait le lendemain qu'un de ses amis, absolument digne de foi, lui disait avoir été témoin d'un fait bien curieux.

Cinq Aïssaouas s'étaient précipités, dans une sorte de rage, sur un mouton vivant et l'avaient complètement dévoré, ne laissant que les cornes et les quatre pieds: laine, suif, ventraille, viscères, viande, os, ils avaient tout englouti.

Après cette représentation nous pouvons aller dormir, demain nous partons pour le Djerid. Une distance de 80 kilomètres sépare Gafsa de Tozeur.

. . .

Ce matin nous allons à Gourbata, l'étape est de 28 kilo-

(1) Longue chemise arabe.

mètres. Au sortir de Gafsa nous recommençons toujours les mêmes grandes plaines stériles en longeant à distance une chaîne de montagnes. Ce dernier mot, Messieurs, est peut-être exagéré, mais là-bas dans la limpidité de l'atmosphère les moindres collines prennent de suite un relief qui leur donne des airs de montagnes. Et nous assistons à un phénomène remarquable de couleurs qui se reproduit fréquemment au désert. Toutes ces éminences, dans la perspective, semblent situées sur un seul plan rectiligne et directement frappées par le soleil, aussi est-on véritablement surpris de voir des tons roses et bleus s'y succéder sans aucune transition. L'explication est bien simple, l'œil se fait trompeur; les montagnes que l'on croyait placées de face tournent brusquement et tandis que les unes, bien éclairées par le soleil, se rosent sous son regard, les autres échappent à ses rayons et, restant dans l'ombre, se revêtent d'une ravissante teinte bleue. Rien de plus fantasque que ces couleurs se coupant brutalement.

Le soir nous couchons au bordj de Gourbata.

. · .

Le lendemain nous atteignons Ouifla, quartier général des scorpions et des lefââ ou vipères à cornes, petits serpents à piqûre mortelle, qui se meuvent très lentement.

Il est prudent au réveil de visiter ses vêtements et de secouer ses bottines pour voir si quelques-unes de ces vilaines bêtes ne s'y sont pas glissées.

Le soir même, longtemps après le coucher du soleil, nous arrivons à El-Hamma et nous nous empressons de dormir immédiatement.

. · .

Hier, l'obscurité ne nous a pas permis de juger l'endroit où nous venons de passer la nuit. Aussi la surprise est-elle délicieuse, au réveil, en présence du joli tableau qui s'offre à nos regards. Figurez-vous avoir devant vous une sorte de falaise à pic, d'un ton très roux, tranchant vigoureusement sur l'azur profond qui étincelle au-dessus de vos têtes, brodez sur ce fond vif les touffes brillantes des élégants dattiers et vous aurez une idée de ce paysage chaudement coloré. Partout autour de vous vous n'entendez que roucoulements de tourterelles.

Cette petite oasis, située dans le Draa ou isthme entre le chott El-Djerid et le chott El-Gharsa, possède une température plus basse que ses voisines et, par conséquent, ses fruits ne sont ni aussi beaux, ni aussi nombreux. Les sources qui l'arrosent sont abondantes, leur température est d'environ 30 degrés. Elles coulent des hauteurs qui dominent l'oasis et rencontrent plus bas, dans le lit même du ruisseau qu'elles forment, une véritable source d'eau chaude dont la température atteint 45 degrés.

L'oasis d'El-Hamma est en décadence, le sable l'envahit, des vides marécageux se voient au milieu des vergers, beaucoup de jardins sont abandonnés et la misère, par suite d'impôts trop onéreux, force les habitants à déserter leurs cultures.

En 1885, année qui a précédé mon voyage en cette région, l'oasis a fourni un million sept cent mille kilogrammes de dattes.

Il existe en cette oasis deux villages possédant ensemble mille habitants répartis en plus de cent maisons.

Traversons un de ces villages.

La population me paraît hostile, des gamins devant moi se livrent à de vilains gestes, ils m'appellent roumi, kelb, alouf, chrétien, chien, cochon. L'un d'eux ose même me lancer une pierre, mais, sur mes menaces, il s'enfuit.

Admirons de belles maisons en terre dont les portes sont encadrées d'élégants dessins à jour exécutés avec des briques. Ces dessins sont encore reproduits sur la façade au sommet de ces constructions. En hasardant à l'intérieur quelques légers coups d'œil, nous voyons çà et là des nattes et des ustensiles d'une simplicité rustique : seuls objets mobiliers qui constituent le confortable arabe.

La foule commence à m'entourer, car je suis seul, on me parle bien inutilement, je ne comprends rien ; alors deux vieillards m'entraînent hors du village et me laissent dans l'oasis en me faisant signe de m'éloigner. Je viens d'être expulsé comme un bon moine. De retour au campement, je raconte l'aventure à M. Blanc. Il m'assure que les Arabes m'ont cru égaré, et que, par amabilité, ils m'ont remis dans mon droit chemin. Ces enfants du désert ne comprennent pas la promenade, alors, me voyant errer comme une âme en peine, ils ont pensé me rendre service en m'indiquant la route de notre camp.

Mis à la porte du village ou traité avec la dernière politesse, cela m'importe peu, j'ai vu ce que je voulais voir.

A cinq heures du soir, nous partons pour Tozeur. Nous approchons du vrai Djerid, de la patrie des dattiers.

Placé entre le chott et les sables, préservé du vent par les montagnes du nord-est, le Djerid possède cette atmosphère de feu que réclame le fruit du dattier ; il a également dans ses sources abondantes les eaux qui plaisent à ses racines, de véritables eaux thermales qui hâtent le développement de ces arbres.

Enfin nous arrivons sur les bords de l'immense chott, en face de cette oasis de Tozeur, la plus grande du Djerid et de la Tunisie. tout entière, étalant sa magnifique forêt de plus de quatre cent mille dattiers. Au-dessus d'elle apparaît, adossée à une colline dénudée, la ville grise avec ses coupoles blanches et la curieuse mosquée des Oulad-Sidi-Abid, à dôme de briques vertes vernissées, disposées comme des écailles.

Notre entrée dans la ville produit sensation et sur la grande place du marché, les Arabes curieusement se rassemblent derrière nous et nous font cortège.

Au Dar-el-Bey est installé le bureau de renseignements. Le lieutenant Remoussenard, qui est venu à notre rencontre, nous invite à le suivre et nous fait les honneurs de son domicile.

.˙.

Après avoir passé une excellente nuit, promenons-nous à travers la ville ; elle présente un grand intérêt pittoresque. Bon nombre d'arabes y circulent et lui donnent de la vie et du mouvement. Les rues toutes ensablées sont bordées de maisons coquettement décorées comme celles du village d'El-Hamma. Une place de forme rectangulaire y est remarquablement curieuse avec cet ensemble de jolies constructions ornées de dessins à jour.

Le commerce ici est fort développé. Une population laborieuse de six mille habitants se livre non seulement à la culture, elle fabrique aussi des tissus très renommés, tels que couvertures, haïks et burnous.

L'oasis n'est qu'une forêt extrêmement touffue de palmiers lançant à une hauteur prodigieuse leur tronc architectural que terminent de larges panaches. Ces innombrables colonnades, se développant en rangs serrés sous les ombrages des bouquets de verdure, donnent à cette forêt un aspect grandiose. Les pauvres cultures de Gabès, que nous avions trouvées cependant fort belles, n'offrent que des nains à côté de ces géants. Le chiffre officiel des dattiers atteint, à Tozeur, deux cent trente mille, dont treize mille (dagla) ou de première qualité. Mais ce nombre est certainement de beaucoup au-dessous de la vérité. On comprend que les Arabes ont tout intérêt à le diminuer, puisque l'impôt se paie par tête d'arbre.

L'année 1885, on a vendu en cette oasis sept millions de kilogrammes de dattes, qui ont payé le mex ou impôt sur la vente. Il est évident que si l'on voulait tenir compte de toutes les fraudes, on arriverait aisément au total de neuf millions. Les dattes de Tozeur sont exquises, elles ont une réputation dans le monde entier. Les beaux palmiers, qui se vendent jusqu'à 100 fr., en fournissent habituellement une charge de chameau, soit environ deux cents kilogrammes. Il semble donc que les habitants ici devraient être dans l'aisance, malheureusement les impôts les accablent.

Les arbres fruitiers tiennent en cette oasis un rang tout à fait secondaire.

Les sources nombreuses qui arrosent l'oasis jaillissent au fond d'entonnoirs situés aux flancs du Drââ et se réunissent en un oued qui alimente la ville et les jardins et se perd ensuite dans le chott. Par un système de canaux semblable à un immense réseau artériel, l'eau est portée dans toutes les cultures.

Les sables constituent l'ennemi principal des oasis. Tozeur en est menacé comme beaucoup d'autres et il est temps de s'opposer à leur marche envahissante.

. · .

Avant de quitter Tozeur, Messieurs, permettez-moi de vous inviter à une chasse aux slouguis (1) dans les larges espaces découverts qui bordent le chott. Demain matin, nous partirons.

Au lever du soleil nous sommes tous à cheval au nombre de douze. Aussitôt dans la plaine, nous nous déployons de front

(1) Grands lévriers d'Afrique.

sur une longue ligne de plus d'un kilomètre. Les trois lévriers sont placés dans les intervalles du centre. Nous avons parcouru deux mille mètres environ, quand un Arabe brusquement arrête sa monture ; il a découvert un lièvre gîté près d'une de ces salsolacées à l'aspect de petite bruyère, dont les maigres touffes disséminées sont les seules plantes de ces parages. Un slouguis l'approche, le regarde bêtement, dédaignant d'y toucher dans son état d'immobilité. Mais soudain il part comme une flèche après le pauvre animal qui, d'un bond, a quitté sa couche ; cavaliers se précipitent à leur tour. Quelques secondes suffisent et le lièvre infortuné succombe sous la dent meurtrière du terrible chien.

Silencieusement, chacun reprend son rang et la marche recommence, lente et morne, se prolongeant cette fois sans aucune rencontre.

Tout à coup un cri retentit à l'extrémité de la ligne, un autre lièvre vient de déguerpir. Mais, quand cavaliers et slouguis s'élancent à sa poursuite, il a déjà une avance considérable. Alors c'est un spectacle superbe d'assister au milieu de cette immensité, sur les bords du grand lac de sel, dont la brillante couche cristalline miroite au soleil, à cette course vertigineuse d'officiers et d'Arabes. Ces derniers surtout, laissant flotter au vent, sur la croupe des cavales, leur blanc burnous, se détachent d'une façon saisissante sur ce désert. Il n'en est pas moins drôle de voir un pareil développement de forces à la poursuite d'un lièvre qui, de loin, ne paraît pas plus gros qu'un rat. L'animal est gagné de vitesse de plus en plus, les slouguis vont l'atteindre ; enfin ils le happent et étendent sur le sol une nouvelle victime.

La prise de ces deux bêtes nous a demandé une heure et demie environ ; il est temps de revenir ; l'air est encore tiède, mais le soleil ne tardera pas à l'embraser de ses rayons de feu.

.·.

Le lendemain, M. Blanc me cause une agréable surprise.

« Puisque vous voulez faire une excursion au Nefzaoua, me
» dit-il, voici pour vous une magnifique occasion d'accomplir
» ce voyage en de bonnes conditions. Je suis obligé d'envoyer
» à Mansourah El-Hadj et un chamelier, afin d'avoir des
» nouvelles d'un spahis qui devrait être ici de retour d'une
» permission que je lui ai donnée. »

Malheureusement M. Blanc m'apprend le soir que les chameliers refusent tous d'aller au Nefzaoua ; ils ont peur des
Djich, les terribles pillards qui errent sur la limite de la
Tripolitaine et remontent de temps à autre, du côté du
Nefzaoua pour y opérer leurs razzias. Il y a une quinzaine de
jours une caravane a littéralement été pillée après un combat
dans lequel on a compté je ne sais combien de morts et de
blessés.

Pour vaincre cette frayeur chez les chameliers, M. Blanc
leur a déclaré nettement qu'ils les laissaient réfléchir,
mais que, si à son retour de Nefta, ils persistaient dans
leur refus, il les abandonnerait et formerait une autre caravane pour remonter vers le nord. Il espère que cette menace
produira son effet.

Le soir, avec eux, je tenais une longue conversation par
gestes. Et ils me disaient que le chameau et le cheval de
El-Hadj, et mon bourricot, et tous nos vêtements seraient pris.
Alors je leur répondais que nous avions nos armes. Et ils
souriaient, et ils me faisaient signe que les Djich étaient
nombreux, et, m'ajustant avec leurs bras comme avec un
fusil, en criant : boum, ils réalisaient une mimique d'homme
qui tombe mort. Non, non, ils ne voulaient pas aller, ils
n'iraient pas.

Décidément, la destinée me narguait.

.·.

Le lendemain nous partons pour Nefta, éloigné de 24 kilomètres, en suivant à distance les bords du chott, sur une route bien monotone.

De très loin se dessine la longue pointe des jardins de l'oasis; mais pour voir la ville, il faut presque y toucher.

Nous nous arrêtons sur une place. Comme Nefta ne possède aucun officier français, nous réclamons le Caïd. A son arrivée ont lieu les présentations officielles et nous entrons au Dar-El-Bey.

Extérieurement, cet hôtel des voyageurs est en triste état; intérieurement, il donne asile à une multitude d'êtres vivants qui paraissent y demeurer en parfaite harmonie. Les mouches y foisonnent, les punaises courent de tous côtés sur les lits, nous sentons les puces qui nous grimpent aux jambes, il est à regretter que les poux ne s'aperçoivent pas à distance, nous aurions le plaisir d'assister à des défilés, car des armées entières doivent y avoir élu domicile, des scorpions montrent leur corps hideux, une grosse araignée se promène sur le mur, le plafond est tapissé des toiles (non pas à la façon du ciel), *des toiles* de ces gracieuses bêtes, un serpent glisse sous la porte, semblable à un tronçon de lézard noir sans pattes et sans queue. Oh ! oh ! il est temps de déguerpir, Messieurs ; mieux vaut installer notre tente au dehors. Ce repaire de vermines est trop habité pour être habitable.

Dans une promenade à travers l'oasis nous rencontrons sur les bords d'un oued, de jolis enfants nus qui se préparent à prendre leurs ébats au milieu de l'onde. Autant les tout petits sont laids avec leur ventre énorme et ballonné, autant les autres, plus âgés, deviennent beaux et de forme élégante.

Les jardins de cette oasis, la plus fertile et la plus peuplée du Djerid, sont superbes et très bien cultivés. Le nombre des datliers y est moindre qu'à Tozeur. Le chiffre officiel atteint deux cent mille, ce qui laisse supposer qu'il y en a au moins trois cent mille. Ils ont fourni, en 1885, une récolte de six millions de kilogrammes de dattes, mais leur production est estimée à huit millions.

Cette oasis, plus que toutes les autres, est la proie des sables.

Nous atteignons la corbeille, un des sites les plus délicieux du Djerid. C'est une large excavation ou se développent les sources au milieu de poétiques et riants jardins.

Placez sous un ciel profondément bleu, dans l'arène d'un cirque jaune d'or de sable agglutiné, un bois touffu de dattiers dont les uns suspendent leurs berceaux de palmes au-dessus d'un clair ruisseau, dont les autres couronnent trois ravissants petits lacs, de couleur vert tendre, en mirant leur image dans la pureté de leurs eaux, et vous comprendrez le charme de ces jardins merveilleux.

Au sortir de cette véritable corbeille de palmiers, nous faisons l'ascension d'une éminence qui nous offre le panorama général de l'oasis. La ville, en forme de fer à cheval, se terminant parmi les dattiers, présente l'aspect imposant d'une ville de cinquante mille âmes, et pourtant elle ne possède avec ses faubourgs que neuf mille habitants. Située au milieu du désert, au sein de cette oasis, elle est vraiment grandiose.

A notre retour en cette ville, assistons, Messieurs, au spectacle d'une foule d'Arabes qui se livrent à des travaux d'utilité publique. Pour exciter leur ardeur et les entraîner à l'ouvrage, un tambour bat une sorte de charge continue. Sous l'effet de ce stimulant, chacun retrouve un peu d'activité et la besogne s'accomplit assez prestement.

Quelques moments avant l'heure du dîner, M. Blanc envoie El-Hadj prier le Caïd de nous envoyer des vivres. Le Caïd refuse gentiment en prétextant qu'il n'a reçu aucun ordre.

« Attendez un peu, vous allez voir » me dit M. Blanc.

Et, s'adressant à El-Hadj :

« Va de nouveau trouver le Caïd et, cette fois, tu lui diras que si, dans une heure, je n'ai pas des victuailles abondantes, je le ferai non seulement casser de ses fonctions, mais mettre en prison. »

« Avec ces gens-là, reprend-il en se tournant vers moi, on ne devrait jamais employer la douceur, ils ne comprennent que la force brutale. »

La menace, en effet, l'amène tout tremblant ; il se confond en excuses et nous assure que nous ne manquerons de rien.

Voyez venir maintenant, Messieurs, cette procession d'Arabes qui nous apportent des monceaux de couscousse à toutes les sauces et à toutes les viandes, des dattes et des œufs : le tout en des écuelles énormes surmontées d'un couvercle de paille tressée, en forme de chapeau annamite. En voici d'autres qui nous présentent du lait et du lagmi (1) en abondance.

Ayant une répulsion très prononcée pour la saveur nauséabonde et fort pimentée du couscousse arabe qui prend des goûts et des odeurs de vieux burnous, nous l'abandonnons à notre suite tunisienne et nous nous contentons de lait, d'œufs et de quelques morceaux de viande. Tout en dégustant, ne manquons pas de suivre du coin de l'œil le festin sardanapalesque de nos spahis et de nos chameliers. Regardez-les étendre leurs doigts bronzés et les enfoncer dans la masse de couscousse. En un rien de temps, de leur main droite seulement ils pétrissent une boulette, la portent à leurs lèvres et cette énorme bouchée coule et disparaît comme par enchantement. L'opération se renouvelle toujours la même, un si grand nombre de fois que l'on demeure stupéfié. C'est le moment

____

(1) Vin de palmier.

de se demander comment ces Arabes, d'une sobriété sans exemple, qui savent se contenter ordinairement de la ration la plus sommaire, peuvent, à l'occasion, engloutir sans malaise des quantités prodigieuses de nourriture. Car leur estomac, sous l'influence d'un régime frugal prolongé, devrait s'être rétracté et se trouver incapable de se distendre suffisamment pour recevoir et digérer convenablement ces agglomérations de victuailles.

Ces estomacs, essentiellement caoutchouc, forment évidemment une variété spéciale qui vient s'ajouter à celle non moins curieuse des estomacs cuirassés anglais.

.·.

Le surlendemain nous retournons à Tozeur. Enfin le chamelier Ali, qui nous a accompagné dans la plaine du Talah, consent à aller au Nefzaoua et mon voyage est décidé.

M. Blanc annonce cette nouvelle au lieutenant Remoussenard.

Cet officier n'en croit pas ses oreilles et demeure absolument ahuri.

— « Et qu'allez-vous faire là-bas ? me demande-t-il.

— » Me promener, comme je me promène ici.

— » Quelle promenade ! Et vous n'avez aucun but ?

— » Aucun.

— » Mais vous n'avez pas réfléchi à la fatigue et aux dan» gers de ce voyage.

— » J'y ai parfaitement réfléchi.

— » Dans le Nefzaoua vous avez beaucoup de chances de » tomber entre les mains des Djich, les impitoyables pillards » et vous n'ignorez pas le sort qui vous est réservé : ils » commenceront par vous dépouiller de tout ce que vous » possédez, ne vous laissant pas même votre chemise, puis, » inutile d'insister sur leurs goûts dépravés suffisamment connus, si nombreux que soient ces Arabes, ils satisferont tous sur vous leur brutale et ignoble passion, heureux encore si vous n'avez pas affaire à des fanatiques haineux, car alors des mutilations horribles vous attendent à la suite de ce premier supplice et, après vous avoir ainsi torturé, ils vous abandonneront tout nu, encore vivant, aux ardeurs du soleil et le bourreau du ciel se chargera de vous achever. Vous comprenez que ces nomades du grand désert sont au-dessus de toutes les lois humaines, ils ne sauraient s'en faire frayeur : personne n'ira les poursuivre dans les Areg ou du côté de la Tripolitaine.

» Mais supposons que vous échappiez à ce danger, il vous
» faudra passer le Djebel-el-Askar, montagne sans route que
» je défie votre bourricot de franchir. C'est donc de la folie
» d'entreprendre ce voyage et, si j'étais M. Blanc, je ne
» voudrais pas prendre sur moi la responsabilité de vous
» laisser passer.

— » M. Desfontaines, reprend M. Blanc, est un voyageur
» libre qui parcourt le pays à ses risques et périls, je n'ai
» pas le droit de m'opposer à son désir. Il connaît le danger,
» il veut passer, espérons pour lui qu'il ne lui arrivera rien
» de fâcheux. »

Vous devez comprendre, Messieurs, que les craintes de M. Remoussenard et des chameliers me paraissent quelque peu exagérées. Quant à modifier mes projets, jamais ; je veux aller au Nefzaoua et j'irai.

Les Djich ! il faut d'abord les rencontrer. Et puis sont-ils aussi terribles qu'on veut bien le dire ? Du reste, l'aventure serait drôle : on ne tombe pas tous les jours entre les mains des pirates du désert, et quel relief cela doit vous donner d'avoir été capturé par des brigands ! ! !... si toutefois on en revient.

Ainsi, c'est bien entendu, après-demain, 7 juin 1886, je partirai.

.·.

Et maintenant, Messieurs, en route pour la traversée du chott El-Djerid.

Ce chott, vaste plaine lacustre de 200 kilomètres de longueur de l'est à l'ouest et de 75 kilomètres dans sa plus grande largeur, situé à plus de vingt mètres au-dessus du niveau de la mer, est recouvert d'une croûte plus ou moins épaisse de sel qui forme comme une brillante écorce aux vases demi-liquides remplissant les profondeurs du lac. Les Arabes, dans leur langue imagée, la comparent à une feuille d'argent, à un lit de camphre.

Plusieurs routes de caravanes franchissent cette grande sebkha. Celle que nous allons suivre s'étend de Kriz à Debabcha.

C'est ce chott que M. Roudaire voulait mettre en communication d'un côté avec la Méditerranée, de l'autre avec les deux chott El-Gharsa et Melghir, de manière à former une mer intérieure, sorte de fleuve à rebours bien curieux, puisque le niveau des chott est d'autant plus élevé qu'ils s'approchent de la mer.

Ce projet, défendu par son auteur avec la plus grande ténacité, était forcément destiné à échouer, car, si grandiose qu'il parût au miroitement des plus belles théories, il avait le tort d'offrir la perspective d'une dépense de plus d'un milliard, de ne donner aucun des avantages annoncés et de présenter, par contre, des inconvénients désastreux parmi lesquels il faut citer surtout la disparition des oasis du Djerid, par suite de la déperdition de l'eau des sources qui serait tombée dans le canal du Draâ et de là dans le chott.

Mais nous approchons, voici le moment de nous recueillir.

.·.

Enfin nous arrivons au lever de l'aurore devant un horizon n'offrant à l'œil qu'une plaine de sel blanche, infinie, sans ride.

Le cœur bat violemment, des sensations étranges et différentes empoignent, mélange causé par l'inconnu, la curiosité, la crainte, l'orgueil. L'immensité mystérieuse attire, mais le soleil monte, on le regarde, on sent qu'il vomira aujourd'hui comme les autres jours la flamme ardente de ses rayons sur cette grande dépression que rien n'abrite. A cette seule perspective, le corps tremble et si la volonté ne savait le commander, il reculerait.

Nous voilà bientôt sur la grande nappe de sel, avançant sur un chemin qu'indiquent la piste des caravanes et, de distance en distance, des balises consistant en une toute petite borne.

En certains endroits, l'écorce solide résonne sous nos pas ; au-dessous de nous existent probablement des gouffres insondables, dont nous sommes séparés par une simple croûte. Quelle en est l'épaisseur ? Certainement bien mince, puisque, d'un côté et de l'autre, il faut prendre garde de ne pas s'écarter.

Sur le chott, un très petit espace est solide et laisse passer les caravanes ; celles qui s'égarent au delà des limites tracées sont enfouies lentement, et doucement, tout doucement, avec des raffinements inouïs de cruauté, la mort vient les chercher.

Les annales du pays racontent que le grand lac, mal desséché, a souvent servi de tombeau à ceux qui ont osé s'y aventurer.

Le soleil monte toujours et en même temps qu'une plus grande chaleur, il verse des rayons plus lumineux. Le spectacle devient étincelant et d'une bizarrerie invraisemblable.

Figurez-vous, Messieurs, une table ronde recouverte d'une couche resplendissante de sel blanc ; donnez à cette table des proportions immenses, étendez-la autour de vous jusqu'aux limites extrêmes de l'horizon et placez dans ce désert de sel qui jette des myriades d'éclairs au soleil, sous un ciel rougeâtre, au milieu d'un silence dont vous n'avez pas idée, silence que pas un bruit, pas un murmure, pas même un souffle ne vient troubler, placez-y trois pauvres voyageurs perdus, à chameau, à cheval et à bourricot.

Nous voyez-vous avancer, en réglant notre marche lente et monotone sur le pas cadencé du chameau, dans cet espace infini où rien, absolument rien ne se dessine aux lointains ; car la plaine blanche n'a pour frontière apparente que le bord rectiligne de la grande coupole céleste. Nous sommes ici les seuls êtres qui jouissions de la vie ; le désert blanc n'a pas même un insecte ; le chott ne garde rien de vivant à sa surface, il ne conserve que les morts.

Le soleil impitoyable seul nous fixe de son œil de feu.

Des nuages heureusement commencent à se former au ciel, bientôt ils dérobent à la vue l'astre embrasé. Avec une rapidité surprenante, les voilà qui s'amoncellent, ils deviennent de plus en plus sombres, de plus en plus menaçants ; le ciel se fait tout noir. Le chott, d'un blanc de neige, s'étend pareil à un vaste linceul qui va recouvrir des morts et la voûte céleste semble avoir pris son manteau de deuil.

Un frisson pénètre mes chairs, mes yeux courent anxieusement la plaine autour de moi pour interroger l'horizon ; je crois entendre une voix qui me souffle ce mot : la tempête ! Je n'y avais pas songé sous ce ciel qui me paraissait éternellement bleu.

Pendant l'orage, la pluie doit fondre le sel, l'écorce solide devenant ainsi liquide peut ouvrir les abîmes intérieurs ou rendre invisible la trace des caravanes ; alors avancer, c'est

ourir ; reculer, c'est mourir ; rester, c'est mourir, et
ujours de la même mort atroce, épouvantable ; sentir la
ue s'enfoncer sous soi et glisser petit à petit dans le
uffre jusqu'à disparition complète.

J'avais déjà entrevu cette longue agonie dans une nuit
en noire, sur les grèves du mont Saint-Michel, alors que
ous nous y étions égarés, en les traversant pour gagner
vranches. Je croyais qu'on ne pouvait avoir de ces cauche-
mars réels qu'une seule fois dans la vie, et, de nouveau, le
même se présentait sous un aspect aussi terrifiant.

Nous marchons tous trois silencieux ; ni le spahis, ni le
chamelier ne montrent la moindre émotion, mais la physionomie d'un Arabe ne reflète nullement ses impressions.

— Il va pleuvoir, dis-je à El-Hadj.

— Je ne sais pas.

L'Arabe est sobre de paroles, il vaut mieux ne pas insister ;
sa réponse pourtant ne me satisfait guère. Et je le vois
regarder le ciel qui continue d'être effrayant.

Des bouffées de chaleur passent ; le silence profond qui
nous enveloppe est comme le prélude de la mort.

Vous vous attendez déjà, Messieurs, à nous voir aux prises
avec ce terrible danger de l'orage : détrompez-vous ; je dois
à la vérité de dire que cette menace du ciel reste, Dieu
merci, tout à fait platonique. Le soleil, au loin, glisse ses
rayons, les nuées se dissipent et mes funèbres idées s'évanouissent avec elles. Le ciel se dégage de ses voiles épais ;
toujours noir au-dessus de nos têtes, il se cercle aux bords
de l'horizon, tout autour de nous, d'une large bande
radieuse ; on dirait une immense coupole noire posée sur une
base blanche lumineuse. Les nuages qui planent sur nous se
déchirent maintenant en de larges trouées sur le ciel bleu.
L'azur enfin règne au firmament et le soleil, en triomphateur,
frappe à grands coups de rayons sur la surface cristalline qui

les lui renvoie en éclairs multiples : tout brille, tout resplendit ; il y a de la flamme sur le chott, de la flamme en suspension dans l'air ; les yeux, de nouveau, sont éblouis et se ferment à ce trop-plein de lumière.

Mais voici l'heure de déjeuner ; nous nous arrêtons et chacun descend de sa monture. Sur le sel, notre chamelier allume le feu pour préparer un café concentré qui doit nous stimuler. J'y trempe le pain arabe : l'appétit manque, la fatigue commence à se faire sentir.

Notre maigre repas terminé, nous partons immédiatement : nous n'avons pas de temps à perdre ; à peine sommes-nous à la moitié du chemin.

Le grand bourreau de soleil ne cesse de verser du feu ; les yeux brûlent.

Enfin le spectacle varie. La brillante couche cristalline tend à disparaître : une terre noirâtre la remplace, tachetée seulement de quelques plaques de sel. En même temps se produisent les premiers effets du mirage.

Il n'est pas un seul voyageur au désert, Messieurs, qui ne mentionne cet étrange phénomène. Je crois que, pour frapper les esprits davantage, ils l'exagèrent tous un peu, cédant au désir bien naturel d'ajouter au mirage de la plaine celui de leur imagination évidemment beaucoup plus vif ; car pour mon compte, à part quelques-uns très rares et, en somme, peu intéressants, je n'en ai jamais vu de réellement beaux en mes voyages soit sur mer, soit au désert, soit même en d'autres plaines immenses où ils étaient signalés.

Dans le chott seulement, ces visions aériennes légères peuplent l'espace en nombre incroyable et apparaissent avec une véritable puissance d'intonation.

Les unes ne sauraient s'assimiler à rien, les autres, au contraire, prennent des aspects d'objets réels ou de panoramas quelquefois merveilleux.

Une flèche colossale et des points noirs innombrables, se succédant sans interruption comme en des lignes ponctuées, attirent d'abord le regard. La scène change, elle s'empare de tout l'horizon : voici, disséminés au milieu de choses plus ou moins informes, une armée en ordre de bataille, une ville, un ballon couché sur le flanc. Les images encore une fois s'évaporent, se transforment ; nouveau décor, nouvelles apparitions maintenant ravissantes : une île de rochers fantastiques s'élève du sein des flots, ayant pour voisine une charmante oasis de dattiers. A mesure que nous avançons, les tableaux s'évanouissent et font place à d'autres ; alors, je m'aperçois que des petits talus de sable amoncelés par le vent, placés de distance en distance et revêtus d'une maigre touffe de verdure, ont donné naissance à toute cette fantasmagorie.

Ce spectacle curieux, bizarre, fixe tellement mon attention pendant un certain temps, que j'oublie ma fatigue. Bientôt, cependant, je la ressens plus vive. J'ai marché durant six heures sous le soleil de feu pour ménager mon pauvre bourricot malade, et je n'ai pas dormi la nuit précédente, et j'ai déjeuné d'un morceau de pain trempé dans du café ! Je suis épuisé, mes jambes ne veulent plus me porter, je me laisse tomber sur le sol : « Encore du café, » dis-je à El-Hadj. La sueur lui coule du front, son œil est terne, nous gardons déjà depuis longtemps le silence. Nous sommes en vue des oasis, mais elles sont loin, et plus nous approchons, plus elles paraissent reculer. Le liquide nous fournit une nouvelle vigueur et fustige nos nerfs.

Nous repartons.

Des silhouettes démesurément aggrandies par le mirage, semblables à de hautes ombres mobiles, se profilent tout-à-coup sur l'horizon. El-Hadj regarde de tous ses yeux, le chamelier également. Maintenant, nous distinguons très nettement un certain nombre de cavaliers. Spahis et chamelier saisissent leur fusil en bandoulière et l'arment pour parer à tout événement. Je suis leur exemple. Voici peut-être des Djich, les terribles brigands du désert.

— « Rappelle-toi, dis-je à El-Hadj, que je suis venu avec » toi à mes risques et périls. Si le moindre danger nous » menace, fuis de toute la vitesse de ton cheval. »

« — Monsieur Desfontaines, me répond-t-il, ton sort sera » le mien, je ne te laisserai pas seul, si nous avons à mourir, » nous mourrons ensemble. »

J'admire ces belles paroles dites simplement et d'un ton très ferme. Cet Arabe, prêt à remplir son devoir jusqu'à la mort, est bien le type du fier et noble Mokhrani, qui ne sait jamais forfaire à l'honneur.

Les cavaliers approchent, ils ne tarderont pas à nous croiser. Nous regardons toujours. El-Hadj enfin les reconnaît à distance: ce sont des Arabes du Nefzaoua. Tous, ils mettent pied à terre et les baisers s'échangent sur l'épaule, comme c'est la coutume, puis, après quelques mots, chacun remonte à cheval et les cavaliers bistrés, leur long fusil sur le dos, se séparent de nous.

Décidément, allez-vous penser, voici des histoires de brigands qui nous semblent quelque peu singulières. C'était d'abord un orage qui allait fondre sur lui et il n'y a pas eu d'orage; c'étaient ensuite les redoutables Djich, et les pirates du désert ne se sont point montrés. J'ai peut-être eu tort, Messieurs, de ne pas vous inventer un petit combat ou une bonne tempête, mais j'ai tenu à rester voyageur vrai et sincère.

Libre à vous de croire à des dangers imaginaires qui vous rappelleront les exploits de Don Quichotte allant se battre contre des moulins à vent, ou ceux du héros étonnant d'Alphonse Daudet, le grand Tartarin de Tarascon, le chasseur de lions qui, à l'affût, la nuit, au milieu de plantes sauvages absolument africaines, croit avoir en face de lui le fameux lion, le vise, tire et se trouve dans un carré de choux en présence d'un âne, sa pauvre victime, râlant sous la balle explosible.

Mais reprenons notre traversée.

A chaque instant, je crois toucher les jardins de dattiers après lesquels je soupire ; hélas ! ici, dans cet air transparent, les distances deviennent trompeuses et nous mettons des heures pour atteindre un point que je pensais éloigné d'une heure à peine.

C'est ainsi que le désert de sel se plaît à nous mentir, en nous charmant par des paysages de rêves et en nous berçant d'espérances qui nous fuient toujours avec les oasis.

Vers le soir seulement, nous entrons à Debabcha, sur la limite du chott, après treize heures de marche, dont les dernières nous ont paru longues comme des jours sans pain.

Au dire d'El-Hadj, qui court depuis quelques années en ces parages, je suis, à sa connaissance, le deuxième Européen qui ait franchi le chott, de Kriz à Debabcha. Le premier était M. Letourneux, botaniste éminent, dont les voyages se sont étendus jusque dans le Grand-Sud.

. . .

Au cheikh, nous demandons l'hospitalité pour la nuit et, après avoir dormi d'un sommeil profond, nous partons pour Mansourah, dès le matin, à travers les petites oasis qui tachètent le Nefzaoua et permettent de le comparer à une peau de panthère.

Cette région, comprenant trois cent mille dattiers environ, peut se diviser en deux parties : le Nefzaoua septentrional, de beaucoup le plus important, situé sur le flanc méridional de la chaîne du Tebbaga, dans un espace large de quelques kilomètres seulement, entre Debabcha à l'ouest et Kebili à l'est; le Nefzaoua méridional sur le bord oriental du chott El-Djerid. Cette partie est moins riche en dattiers et moins peuplée. Elle est, dit-on, envahie de plus en plus par les sables mouvants de ses dunes nombreuses; les indigènes, à chaque instant, sont obligés de fuir devant l'ennemi et de créer d'autres jardins, en emmenant avec eux l'eau des sources à l'aide de canaux souterrains.

Le sol du Nefzaoua septentrional, bien arrosé et très fertile, devrait être fort productif. Mais les razzias que commettent dans cette contrée les tribus ennemies et l'envahissement des sables, moins grand pourtant que dans le Nefzaoua méridional, s'opposent au bien-être de ces populations.

Ici les dunes mobiles n'existent pas. Les sables apportés par le vent et arrêtés par les palmiers sont cueillis à la surface des plaines voisines, ils sont donc moins abondants, assez cependant pour se réunir autour des oasis en bourrelets circulaires. Si ces dunes, atteignant souvent cinq mètres de hauteur et quelquefois davantage, étaient fixées par des plantations d'arbustes à longues racines, elles serviraient aux oasis de remparts protecteurs. Malheureusement, il n'en est pas ainsi, et elles avancent lentement, mais sûrement, à travers les cultures.

Cette région présente un cachet spécial avec ses dunes et tous ses bouquets de dattiers semblables à de gracieux îlots au sein de sables se creusant en vallées profondes. Souvent une douzaine de palmiers jaillissent obliquement d'une même racine en formant une magnifique corbeille de verdure qui se garnit d'un large collier de fruits.

Un voyage en ballon au-dessus de ces parages offrirait, il me semble, un attrait particulier et je regrette sincèrement de ne pouvoir me livrer à cette tournée aérostatique.

. ` .

Après quatre heures de marche à travers ces singuliers paysages, nous voici à Mansourah, le but de notre voyage.

Dans le village, El-Hadj prend les devants, il nous faut patienter. Une fois les femmes mises en lieu caché, nous pourrons être introduits. L'attente n'est pas longue, on nous appelle.

Entrons. Un tableau bizarre s'offre à notre vue. Nous sommes dans une vaste chambre séparée en deux parties par un couloir où passent bêtes et gens. D'un côté, l'écurie où on loge le cheval d'El-Hadj et mon bourricot ; de l'autre, une estrade, à fond décoré de nattes et de tentures orientales, garnie de deux lits et d'une table recouverts de riches tapis. A la tête de l'un de ces lits est agenouillée une vieille femme agitant un large éventail, au pied se tient dans une pose de déesse une grande et belle négresse.

Ce luxe original dans cette espèce de taudis, avec ces deux femmes noires pour animer la scène, vous impressionnent étrangement, n'est-ce pas ? et vous vous demandez déjà, Messieurs, quelle est cette personne couchée qui se fait si bien servir. Serait-ce par hasard une sultane indolente s'abandonnant aux douceurs de la sieste, sous la garde de ses esclaves ? Risquons un œil. Hélas ! trois fois hélas ! ce n'est qu'un pauvre moribond, le maître de la maison lui-même, qui s'achemine tout doucement vers l'autre monde, emporté par la phtysie.

Et le spahis que nous venons chercher assiste justement le mourant son cousin.

Je vais saluer le malade et lui souhaiter un retour à la santé, que je n'espère plus pour lui ; il est à la dernière phase du mal. Il m'invite à me reposer sur le lit qui fait le pendant du sien. Plusieurs planches juxtaposées, appuyées sur deux tréteaux et garnies de tapis épais et moelleux : voilà ce qui constitue une couche luxueuse.

Je suis heureux de pouvoir m'y étendre pour dormir; malheureusement les mouches, les impitoyables mouches ne laissent pas un seul instant de répit. Elles sont ici d'une cruauté inouïe et en nombre incroyable ; on ne peut quitter l'éventail, car alors le supplice est atroce.

La mouche ! vous vous représentez déjà ce gentil petit animal ailé, tout à fait inoffensif, dont on s'amuse parfois à suivre le vol capricieux, en ce moment exquis de *paresse* qui précède le lever. Elle va, vient, tourne sur elle-même, dessinant sa forme grêle sur le blanc du plafond. Les yeux la rencontrent, s'y attachent, la suivent dans tous ses mouvements et prennent plaisir à cette course folle dans les hautes sphères de la chambrette. Si par hasard elle descend se poser sur vous, c'est avec délicatesse, plutôt pour vous faire chatouille. Là-bas, c'est autre chose, elles piquent et elles enfoncent leur aiguillon même au travers des vêtements. Moins grosses que leurs sœurs, les Françaises, elles deviennent féroces à la chaleur torride.

Les pauvres petits enfants sont littéralement dévorés. A leurs yeux, à leurs narines, aux coins de leurs lèvres se suspendent des grappes noires de ces bêtes acharnées. Mettez ces ornements sur une figure bien barbouillée, qu'on a soin d'entretenir dans cette saleté pour préserver du « *mauvais œil* » ces bambins tout nus qui promènent leur ventre énorme, ballonné, et j'espère que vous n'hésiterez pas à gratifier du doux nom de chérubin ces jeunes rejetons du désert.

Par surcroît de malheur pour nous, le sirocco se met à souffler, le vent du sud. Je dis vent, Messieurs, j'ai tort. Tout est d'un calme effrayant au contraire : les feuilles aux palmiers n'ont pas même un frémissement, le ciel prend une couleur rougeâtre, le soleil lui-même ne brille plus de la même façon, on l'aperçoit comme à travers un brouillard. Une haleine embrasée passe dans l'air, brûle les yeux : c'est du feu que l'on respire ; on se croirait au contact d'un immense brasier. On veut fuir, on change à chaque instant de place, on va, courant d'un endroit dans un autre, cherchant à se dérober au souffle de feu : partout on le sent, partout il vous poursuit. Le plein air est le plus terrible, le thermomètre y marque 45 degrés ; les maisons offrent un abri, mais quel abri ! La chaleur, pour y être un peu moindre, n'en est pas moins affreuse et des milliers de mouches s'abattent sur vous.

« Nous avons eu de la chance, me dit El-Hadj, si ce
» coup de sirocco nous avait surpris hier sur le chott, nous
» étions obligés d'y rester, les bêtes auraient refusé d'avancer
» et je ne sais ce que nous serions devenus nous-mêmes
» aux ardeurs de ce soleil de feu. »

Le soir pourtant, le vent du sud fait relâche et nous pouvons, dans une nuit d'une douceur incomparable, nous reposer des tortures d'un long jour.

.·.

Le matin, au retour d'une chasse heureuse aux lièvres et perdrix qui foisonnent autour de l'oasis, je jouis d'une sieste délicieuse au bord d'un joli bassin ombragé de dattiers.

Je viens de m'éveiller et songe à ces alternatives de bonheur inénarrable et de pénible souffrance qui, depuis quelques jours, varient singulièrement mon existence, quand une jeune Saharienne, la cruche sur l'épaule, vient puiser à la source. Tout-à-coup, à ma vue, elle abandonne son fardeau et s'enfuit en poussant des cris déchirants. Un homme est obligé de lui remplir son vase et de le lui porter, elle ne veut plus approcher.

D'après El-Hadj, les Arabes, très souvent, inventent sur le

compte des roumis des fables de Croquemitaine à l'usage de leurs filles; de là la frayeur de ces dernières en présence des chrétiens.

.˙.

Après la précédente journée de repos, nous sommes prêts à partir. Notre mission est achevée : le spahis, parent du moribond, revient avec nous après avoir dit adieu à son pauvre cousin qu'il ne reverra jamais plus sur cette terre. Peut-être espèrent-ils, l'un et l'autre, dans leur ciel peuplé de houris se rencontrer un jour.

L'atmosphère est rafraîchie par le vent léger du matin et le voyage s'opère plein de charme à travers une suite de mignonnes oasis. Nous passons Tombar, El-Goléa et nous arrivons à Oum-Semaa où le Cheik nous offre l'hospitalité.

Les habitants des oasis du Nefzaoua appartenaient primitivement à deux races qui sont maintenant fondues : les noirs cultivateurs et les berbères.

Si les femmes du Djerid ne présentent que des types rares de beauté, il n'en est pas de même au Nefzaoua.

A Oum-Semaa, près d'une source, j'ai plaisir à contempler de jeunes Sahariennes peu farouches, à la démarche gracieuse, d'une distinction et d'une élégance incroyables. J'admire leur teint fortement bronzé, leur physionomie expressive, leur regard étincelant, leurs cheveux noirs et touffus retombant sur le front en nombreuses petites nattes serrées, leurs traits fins et réguliers encadrés d'une façon bizarre par des boucles d'oreilles aux anneaux de cuivre si larges qu'ils couronneraient aisément leur tête, leur taille svelte et cambrée enserrée dans une grande robe bleue qui laisse à découvert la gorge et les bras : des bras ravissants, joliment chargés de bracelets.

Peintres, poètes, romanciers, trouveraient ici des sujets d'une originalité puissante.

Parmi ces Sahariennes, il en est une dont l'apparition subite dans l'éblouissante apothéose du coucher de soleil de ce soir restera toujours présente à mon souvenir comme le type le plus idéal et le plus merveilleux de ces races berbères, voisines du Grand-Sud.

L'astre disparaît derrière l'oasis et embrase l'occident de toutes ces lueurs magiques accompagnant un déclin de soleil au désert.

Assis sur une pierre, dans la partie haute du village, en face d'une hutte de palmiers, je demeure fasciné par ce décor lumineux du ciel qui se reflète en teintes incomparables sur le fouillis de palmes du grand bois de dattiers et allume, là-bas, des milliards d'étincelles roses à la couche cristalline tapissant l'immensité de l'ancien lac salé.

Tout à coup une jeune femme sort de la hutte et d'une manière très provocante m'adresse la parole.

J'oublie et les splendeurs féeriques du firmament et celles de la nature, je suis maintenant en extase devant cette fille sauvage du désert.

Un peintre croquant cette jeune femme telle qu'elle m'est apparue dans ce cadre de nature et la présentant au public, le public crierait à l'invraisemblance et se demanderait sur quelle scène de théâtre a été pris ce sujet et quelle imagination assez puissante a pu concevoir pareil décor.

Ne comprenant rien à ce qu'elle me dit, je cours chercher El-Hadj et lui raconte l'aventure.

« Prends garde, me dit-il, on te tuerait comme un » chien. »

Il vient pourtant. Elle est là toujours aussi excitante avec sa même flamme dans le regard et son même agaçant sourire; il la questionne et de ses lèvres rieuses elle lui répond qu'elle a quitté sa hutte afin de me faire savoir qu'elle ne voulait pas de moi !!!

Comme j'étais à sa porte, elle se figurait que je l'attendais.

. ‘ .

Le lendemain nous nous mettons en route pour la traversée du chott El-Fedjedj. Elle est monotone et pénible par suite de la perspective toujours fuyante des montagnes du Cherb. Je croyais à deux heures de marche et nous lui consacrons six heures. Ce chott qui forme la pointe orientale du chott El-Djerid contient seulement quelques rares plaques de sel. Partout on n'aperçoit qu'une couche de terre noire parsemée de salsolacées.

A peine dans le Djebel-el-Askar, voilà les difficultés qui commencent à travers le col étroit de la montagne. Il s'agit de marcher tantôt sur des rocs polis, tantôt au milieu d'un véritable amoncellement de pierres Ici c'est une escalade à pic, là une descente dangereuse, dans cet autre endroit une différence brusque de niveau constitue un haut échelon à sauter. Nous passons sur des surfaces glissantes ; soudain le cheval d'El-Hadj manque de ses quatre fers et s'abat d'un seul coup sur le côté Je pousse un cri, mais en un rien de temps le spahis et sa monture se trouvent debout : ni l'un ni l'autre ne sont blessés. Plus loin, j'arrive en face d'un de ces gradins élevés, difficiles à franchir et regarde autour de moi pour découvrir un chemin plus facile. Mon bourricot à qui j'abandonne la bride et qui s'est arrêté un instant devant l'obstacle, brusquement le saute sans élan. Ne m'attendant pas à cette secousse inattendue, je tombe en arrière, le dos sur la saillie d'un rocher. Il en résulte une douleur vive que je ressentirai plusieurs mois encore après cette chute. Irrité de cette maladresse, vivement je remonte sur mon âne ; à ce moment, j'entends derrière moi un bruit de cheval qui tombe, c'est celui de l'autre spahis ; bête et cavalier culbutés se débattent à terre. Allons, si cela continue, nous ne sortirons pas sains et saufs du col. Heureusement, tous deux se relèvent intacts et sans autre accident nous continuons notre route.

Pour récompenser nos montures d'un long trajet de douze heures à travers le chott et le Djebel-el-Askar, impossible de leur donner à boire, et le lendemain seulement, après six nouvelles heures d'excursion, nous atteignons les sources de Gafsa. Il y a trente heures qu'elles n'ont pas bu et elles ont marché pendant dix-huit heures.

Quelles rudes bêtes que ces chevaux et bourricots du désert ! De la paille broyée, quelques poignées d'orge, de l'eau une fois toutes les vingt-quatre heures, et malgré cette sobriété ils peuvent faire chaque jour et de longs jours de suite une étape de 40 kilomètres.

Enfin nous voici au bout de nos émotions. Adieu les dangers, les privations, les fatigues, et, il faut bien le dire aussi, adieu les impressions curieuses, inoubliables et d'autant plus vives qu'elles ont été plus chèrement payées.

Il ne me reste plus qu'à regagner Gabès.

Après avoir adressé mes remercîments à M. Blanc, qui se dirige sur Tebessa, avoir fait mes adieux aux spahis et aux gardes français, je me dispose à franchir les 140 kilomètres qui me séparent de Gabès. Le chamelier Ali, fatigué de son voyage au Nefzaoua, retourne à Menzel ; de nouveau, il me sert de guide et de compagnon.

Nous voyageons de nuit et quatre étapes nous suffisent pour arriver au terme de notre excursion.

. .

Ces heures de marche à travers les grandes solitudes éclairées par la lune, je ne les oublierai jamais. Dans ces nuits tièdes, lumineuses, j'ai ressenti des jouissances inexprimables et des sensations invraisemblables.

Je me rappellerai toujours cette impression étrange qu'une nuit j'éprouvais. J'étais très loin devant mon chamelier : pour l'attendre, j'avais mis pied à terre et une fois encore, complètement immobile, je demeurais en contemplation du tableau nocturne de ce désert. Devant moi se dressaient les silhouettes fantasques de montagnes, aux formes bizarres, à mes côtés s'étendait l'immensité silencieuse des plaines infinies et la lune au ciel, semblable à un grand soleil blanc, inondait tout de sa clarté resplendissante. Tout à coup je vis comme des ombres fuyantes qui, sans bruit, rasaient rapidement le sol, elles se suivaient nombreuses en une longue file indienne, puis plus rien. Et regardant à ma droite, j'aperçus deux charbons ardents qui brillaient à quelque distance, je fis un mouvement pour prendre mon fusil et tout s'éteignit ; mais, là-bas, d'autres formes effleuraient la terre en courant (1). Quand, par l'imagination, je me transporte en cet infini, en ce silence habité par des ombres, dans ce paysage lunaire absolument fantastique, ma parole, Messieurs, je crois avoir voyagé sur une autre planète.

. .

Messieurs, nous voici à Gabès, mon excursion au Sahara tunisien est terminé. J'ai passé quarante jours dans le désert, du 9 mai au 18 juin 1886.

En finissant, je vous remercie de l'attention que vous avez prêtée à cette Conférence. Peut-être un jour me sera-t-il permis de vous faire entrevoir les merveilles des terres

(1) Des chacals, une hyène.

australes, mais dans quelques mois seulement, car je compte
partir prochainement pour l'Algérie, afin de travailler tout à
mon aise, aux liédeurs du soleil africain, à un premier
ouvrage qui aura pour titre :

UN BOHÊME AUX PAYS EXOTIQUES

VOYAGE EN ORIENT A TROIS FRANCS TRENTE-TROIS CENTIMES PAR JOUR.

Imp. ve Camille Mellinet, pl. Pilori, 5. — L. Mellinet et Cie, sucrs.

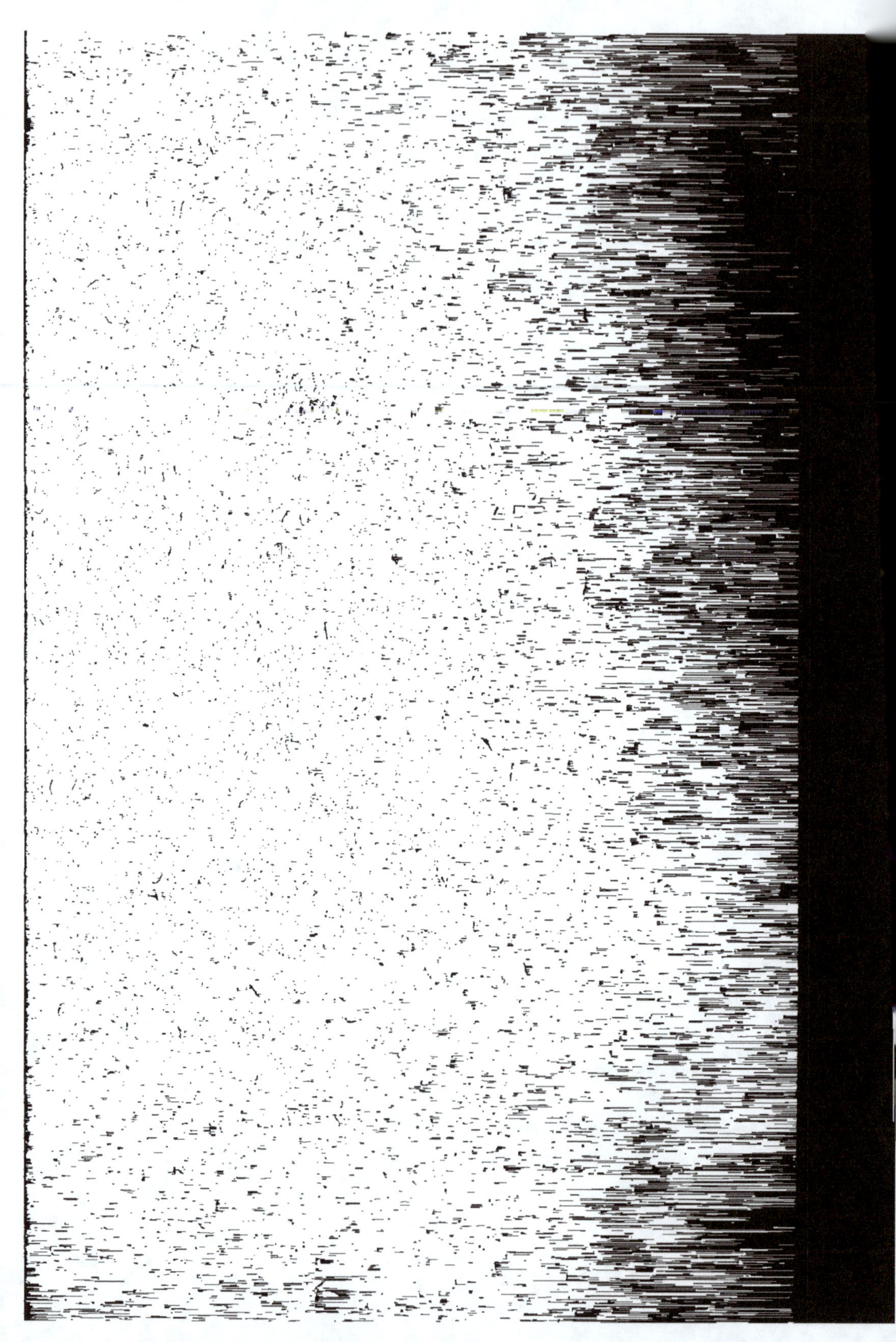